Jon Karajon
VETAR I SNEG

REČ I MISAO
KNJIGA 473

Izabrao i preveo sa rumunskog
PETRU KRDU

JON KARAJON

VETAR I SNEG

PESME

IZDAVAČKO PREDUZEĆE „RAD"
BEOGRAD

VETAR I SNEG

Trajalo je
dok smo jedno drugom govorili laži
kada smo progovorili istinu
raspršilo se i prijateljstvo i ljubav
ostalo je
samo zgarište
ali ti si govorila istinu i kada si lagala
a ja lagao i kada sam govorio istinu
iz iskustva uzaludnosti
u uzaludnost iskustva

dva putnika
začuđena kao ljubav

IZ NAČELA ODUZIMANJA

Gost u nemiru i kod vrana
život je radio s glumcem iz prošlosti

Hera je otišla s volovima u hram
cveće je svenulo na svim svetlostima
postoji samo izgubljeni raj

pretesno je u svetu
bitka se odigrala na muvljem polju
nismo koristili nijednu reč u kojoj nismo bili
mrtvi...

odviše je razmirica u vazduhu

sanjar sam na koga pada sneg
u venjenju sveta
u osmoj prošlosti
u drugoj budućnosti
u četvrtom paklu

grudi kao dve frule
poslate da nam pevaju
mašina koja pravi zmije otrovnice

predmeti na ciglastoj poljani
u Solomonovim stihovima evangelisti napasaju
                                                svinje

i buka te blamaže ne prolazi!
znam šta nisam
advokati u belom: pitanje, tišina, tuga –
počinje onostrani život voća
advokati u belom

ODAJA U RANAMA

Udaljiću se od sebe izvesno vreme
i udaljio sam se
biće kao krajem posta posle uzimanja nafore
i bi
i bi odaja sa jaslama u Vitlejemu
gde je – *lobanja magarca* –
gorela lampa
na uzglavlju Bića pelena od suza

PRAZNA FOTELJA

S čarapama u zubima
pasji život protiče pored kostiju Sene
bludnice motaju Pariz u klupče
Isus prodaje turistima svoje eksere

hej telo hej! ti si moj konj od kore dima
ne znamo šta je jesen, šta je mirođija...

začarana šuma upada s mladunčetom
u usta aligatora
iz krčme u krčmu vreme kao midinetkinja
ide s kolena na koleno

umor će biti
kao zimska šarka
telo, moj si konj
ispunimo svoje obaveze i mračna osećanja
kako možemo điha srce điha nosi mi dušu
svejedno je mrak
mlekari nemaju više kreda

ko je kome veran?

šta bi još kazao o tom dimu
koji stoji između nas kao mrtvačko polje?

poezija pretvara trotoar
u blato

BUNAR

Iz voćnjaka s pticama biram prideve
iz prideva izvlačim leptire
iz leptira – boje
iz boja, strasti koje se pentraju na drvene vrteške
sa drvenih vrteški silaze retori i plesačice
iz plesačica imenice se spuštaju u džakove,
na štapove, u rečenice
neko s opsesijom, neko s apstrakcijom, neko s dinjom
dinje padaju
a predvečerje odjednom odjednom pretvara se
u glagole, priloge, poslovice
kao flote na moru
prepune vajara, šešira i civilizacije
iz koje mrtvaci izvlače prideve
a pridevi voćnjak i ptice od aluminijuma
i to me žalosti, Horacije.

U JESENJSKOM BUNARU

Te večeri padala je kiša na svim predstavama
I u čitavom gradu.
Mrak je brojao
Kao žena
Kada pokriva grudi.
Olovke drveća klevetale su nebo.
Put je sam išao napred
Svet je svet. Kakav je?
Gore među zbirnim brojevima
Mrak je te večeri zaslepio svetlost.

DEVIČANSTVO

Sama u borovoj šumi
devojka češlja kosu
kojom će obmotati voljenog.
Vode šetaju svoje devičanstvo
među starim zvezdama.

OVO OTPRILIKE

Tražio sam po svim trgovima
lastavica više nema
diogen
ne čuje više kako nosi
svoje poraze u ćupu

otprilike ovo

ja sam došao vi ste otišli
godina kao nikada
kao nikada

gordost u dronjcima

šteta

SVOJEVRSNA POSADA

cveće beše jače od kedrova
ko ima prayo da daruje sreću drugima?
kudeći jedni druge, volimo se

svakog jutra imam dvadeset godina
zadovoljimo se bolom
uveče bivam anđeo i jelen
a potom vejavica u odeći čuđenja
a potom stvari kao semenje

dva para generacija
odlaze okolo
žareći otvorio se ispod mene grad
kao levak u kojem cveće nikada ne vene

semafori vezanih očiju
u drugoj paralaksi

RANO UJUTRO

video sam naslikanu pticu poput ribe
video sam ribu koja pliva poput lišća
video sam uljulkani list poput leptira
video sam lepršajući dim poput cveta
takvo je rano jutro da se dečje oči
trude da onemoguće latice da padaju
„Majko, čiji su anđeli?" – upita oblak

U PARISKOM PARKU...

Ofelija kaže: Pjer je vo
rođen je u znaku bika
i vo je

potom mazi mačku
i moli me
da sedimo nekoliko minuta
na osunčanoj klupi

ne bih pošao u pustinju
bez njenih grudi
bez njegovih rogova

koještarije i arheologije

tugu ne treba uzimati u obzir
Ofelija nema grudi

DEVOJKE PRELAZE REKU

Iz generacije u generaciju devojke prelaze reku
sklupčanih sukanja na grudima kao treća dojka
svetlost se razbija u paramparčad a zvecka
šumsko lišće u vodi
u kojoj je svaka ptica slepi gost
barokno zvono
mag grožđe ibis nemi
gong

evo vremena
sa snežnom njuškom
evo kamena
sa zemljotresom zvezda i molitve

oni koji izaberu takvu tišinu
u svakom su kolenu drveta

voz je sekao mir kao testerom
dete skuplja paradokse u kapu
devojačke butine očaravaju prozračnu vodu, sadeći

na nebu treću dojku

NEPREKIDNO TRAJANJE

Rezon vatre je da gori
rezon vode je da teče
nikada neće biti mira

uvek će postojati vatra
uvek će postojati voda
rezon života su pupoljci i pepeo

ako bi jednog dana i nestali
stvorila bi se nova voda buknula bi nova vatra

jer vatra je voda
jer pupoljci i pepeo
nisu stvoreni da nestanu

i nikada neće biti mira

TEHNIKA PREDMETA

opet se budimo
opet se oblačimo
opet izlazimo na scenu
iz svih pantalona izviruju noge
predstave! predstave!
sve su uloge odigrane
upalite svetla
u rečima smo kao u okovima
nek dođu uloge koje se još nisu šminkale
zavese spavaju u ljubavnicima, bicikli spavaju na
                                   nogama,
                  trava je zaspala u konjima
šta su hteli da kažu? šta još nisu rekli?
okončaj, lutkaru, okončaj!
nemam više uha ni za jedno pitanje
svi su lanci odzveckali zauvek
ispod istine koja je nestala
opet se budimo   opet se oblačimo
poći ćemo, ali nećemo stići...

nema ništa čisto

KSILOGRAFIJA

Paganska božanstva pevaju na staklu
pre praskozorja
reči

EPITAF

Držao sam do Vas, voleo vas
Vama nije stalo do mene.
Možda će doći dan
Kada će Vam biti žao.
Molim Vas da pređete preko toga
i zaboravite me.

SOBA ZA MUČENJE

prolazimo kroz sebe kao kroz vodu
prolazimo kroz vodu kao ulicom
prolazimo ulicom kao kroz sebe
jašući dva ambisa
prolazimo kroz sebe kao kroz dušu
s dušom u nosu

protumačili su šta veruje
šta radi
šta kaže

ja sam prorok nereda
tebe neću nikada izgubiti

o!
kad bi se vasceli život mogao provesti
u čekaonici...

STVARI POPUT SEMENJA, POPUT CARINA

prolazio sam pored njih i rekao sam da imam a
                                          pustili su me
        da uđem
prolazila je pored njih i rekla da nema a pustili su je
        da uđe
potom smo išli i išli a posle izvesnog vremena
videli smo da smo još uvek napolju nije bilo nikog
seo sam na kamen i ona je sela
čekali smo a oni nisu dolazili
ostarili smo čekajući i okamenili se

možda taj prolazak postoji a možda i ne

ZANIMANJE

bio sam najsleplji jarac
i bacač noževa je saznao
gospodine cirkuzante, vi ste pravi cirkuzant?
da, da, no da vidiš...
bio sam najsleplji jarac

i otpočetka sam osetio
mutne petlove puštajući krv bez kreste
no uzmi lutkara gde ga nema
ubio je i bežao je bežao presvučen
u drugo iskustvo i jarac je umro

u ovom času nema nikog kod kuće
reka ruča na obali
gospodine, nacrtajte mi sto!
gospođo, nacrtajte mi konja!

ODSUSTVO I PRAZNINA

u ulici Sevastopoljskoj kuće su bile stare
a nesreće nove
ukrao sam od boga
odstojanje ljubavi

imam još malo duše
imam još malo krvi
imam još malo pamćenja

vreme liči na dočekanu pesmu

POSETE

Ljubav, muzika. Bog i
ostale velike samoće
terale su me i privlačile ka tvrđavama
u kojima sam gubio noći.

Jer je moj život više bio noć.

(Iz jedne izgubljene pesme)

Na zidovima Jerihona trava je porasla visoko
kao ekstaza
neki nedostatak krvi puni lustere beskonačnošću
Li-Tai-Po zaronio je pod vodu da uzme mesec...
Bajron ozeleneo u Misolungiju
Petefi zastavama mokrim od krvi
dehidrirana lira Đordana Bruna na lomači
Dante i Ovidije dele apsurdnost tirana
kašikom u obliku hrama
Helderlin i Nerval menjaju svoje aveti
vidi, Ezra Paund, Amerika se završava u Italiji...
Između lopovluka i ljubavi stoji čaša s baladama
iz koje
su pili Vijon i Margo.

I Milton je hodao slep kroz raj
rukama svojih kćeri da ubere
besmrtnost.

Dolaze plemena tame i suza.

JUTARNJA

Žene su davale znakove i odlazile dalje.
Nisam došao da prodajem oreol slave.
Poput lepe korpe zaboravljenog cveća
snovi prolaze ulicom pticama od lima.

DIOGENOVO VEČE

Ako nema više čaša
donesite mi Diogenovu lobanju!
Ništa ne nestaje sasvim.

Pojavila se rosa pod kojom
ržu okeani devojaka.

Sada je prekasno, nisam žedan.

LJUDI

Voće koje se pojavilo u kosmosu poslednji i jedini
put.

PODZEMNA

sunce ne izlazi   tužno je
ulica još uvek puna ludaka
petao velik kao pas
na sanduku s žitom, s paunovima

o! ne znam da li si ipak kuća izgona

BIĆE OPET SUNCE

priroda nema osećanja i rodbinu
ni kad sušimo vreme ni kad kvasimo vodu
sneg ti ne mogu poslati
ratni hleb: život
ujedaš iz njega kao iz anđela
biće opet sunce i naučićemo
narod smo s one strane haosa
zemlja tvoja gorkih usana
čuje se u pustinji vasione

IZNAD NAD IZNAD

II

jedan belac jedan belac pojeo je grudi jednoj
crnkinji
odlazim bez zidova
s ehom na ramenu

taj dan nosio je ime V
u muzičkom drveću

moja je ruka bila stranica Prusta

III

niko nije znao put

sunce stavlja vazduh u crni pištavac
kad sam ovde stigao imao sam drugačije oko
drugačiju ruku
leto i ljubav su izbledeli
lišće je
žuljao mir
polje vraća nazad nekoliko ludaka
kad sam ovde stigao?

Podnošljiv je život
kad si završio sa životom.

IV

čudio sam se ima vremena
za sve patnje
svaki put s večeri
voda je bila bistra
mrzimo se jer smo se voleli...
no, nisam se čudio
oblacima, jutrima
nemi su uzimali svoje štapove
iz kućnog ogrtača plača

V

iseckana šuma
smrvljeno zelenilo
ima mesta da se sakriješ ali je veoma teško
biti večito sakriven

jedna je zver pasla drveće
pljujući lišće

pomerite se u stranu dopustite da smrdi

VI

trava uživa u žabama
pauci otrovne bižuterije
drveće natopljeno muzikom
stanje krasta proleće

gradovi
drveće
nemaju ukusa
kao kad se žito udaljava od hleba

VII

ogrtali su samoću u male kabanice
prisiljavali šumu da ne veruje u drveće
ćuti ćuti ćuti ćuti ćuti ćuti
i kamenje planina da ne veruje u planine
o! mali gušter kojim uvijam misli
pleše stakleno

sišao sam tamo u samoći
sve niže i niže

JUŽNO VEČE

U grožđe i magarce Vizantija pomeša ikone
najlepša strana drveća

Nekad je zlo
bilo napolju

(otvorila se vrata koja nikud ne vode)

zlo je u meni
kao put među svadbenim točkovima

Peva kosa devojaka iz Peštanija, bežeći

Vazduh u Strugi me podseća
na poslednji dan rata

Danas je Marta napunila dve godine
– iste pesme bez godišta
... ribari donose na obalu careve i badem

Možda ovaj vek ništa ne zna
od onoga što je pod njegovim petama...

Pijem iz bunara sa pobesnelim
vremenom.

OBIČAJ

Tuga se pretvorila u bube.
Vetar je postao nestvaran tek u petak.
Godine i poslovice tražile su Filokteta.
I Agamemnon je menjao jednu srnu za drugu

Ja čuvam vreme.

PROSTOR I MIRNOĆA

Usred pupoljka: pepeo ljubavnika
stvari i bića prolaze jedni kroz druge
bez povređivanja kao jedna ulica kroz drugu
kao noć kroz dan kao vatra kroz vodu
svetlost miriše na mirnoću i povrće
sunce nam je donelo cveće i mačke
žuti tramvaj prolazi kroz plavi tramvaj
život je prošao kroz smrt
istorija filozofije kroz filozofiju istorije
slatko kroz gorko
sever kroz jug
drveće otresa ptice na tepih
usred zemlje pevahju božanstva pupoljaka
pepeo ljubavnika prodire u svet
u uvodima prostora i mirnoća
a bića i stvari prolaze jedni kroz druge
kao devojke razmršenih kosa kroz ptice
njihove kose i sudbine.

RODINA KUHINJA

neštampana knjiga je kao nenapravljeno dete
lude stvari vise o legendarnim lovovima
od nekog vremena počinje da nam bude ružno u
životu

čitav je dan radio mrak
čitave noći je radio klozet *und andere dinge*
čitav život radila je smrt

budala ne zna da kaže dobar dan, samo da psuje
čudim se iznutricama jarebice kao drvetu dobra i zla
prskajući nebo, blato prska sudbinu

hladnim i mokrim kaišem
bog bije po zadnjici svoju decu
salamura kaplje

čudim se sofistima i poslovicama
nakada nisam imao ukusa za sušionice ideja
čitav predeo sumnje pirka po suvom

tako ostaje trava, tako misao –
ovaj pacov čeka smrt svih
da bi predvodio

lešinare rodinu kuhinju...
pojma nema da u njegovom trbuhu *und und
und andere dinge*, kao u prodavnici, sve je trulo

PAS MAIRA

Bio sam od onih kojima se žuri
a znao sam da nije trebalo
moj otac je uvek zaplašen
moja majka je kao hlebni prsten.
Nisu svi rđavi ljudi činili samo zlo.
Nisu svi dobri ljudi činili samo dobro.
Kad pitam o svojim sestrama, drveće ih
oblači u skitnice crvene kose.
Tvoja je kosa kao pustolovina.
Kad moja braća gledaju u drveće
iz staraca planina izlaze ptice koje više nisu iste.

Ti letiš kao poricanje duha.
Tamo, pod slatkim kavezom, pas Maira
brani suncu da se pojavi.

SLIKA SA ODSUTNOSTIMA

Hodao sam glavom vukući noge
i glava je zveckala među kamenjem
i krv kapala
i gledao sam je.

Ta smešna goveda i bilja
bili su ljudi koji to nisu bili.

KONJ

Ideja sam kroz koju se ulazi u tvrđavu.
Nije dovoljno da daš kraljevstvo za konja.
Za konja treba dati sve
da ne bi ostao iznad tvrđave
kao samoća
ili kao veliki sin pepela.
Svakom je čoveku potreban konj.
Nikada konji neće nestati iz istorije.
To je pitanje života i smrti.

Ali za konja treba da daš opet ideju
iz koje izlaze ljudi i oružje,
tim pre što se konj može načiniti od bilo čega
čak i od kompota, čak i od leptira,
ali pod jednim jedinim uslovom
da ne mogu nikada da ga pojedu
šibice i vukovi.

UKROTITELJ STIHIJE

On otvori sanduk s urlicima i pusti ih u sobu kao
                zmije.
Nekoliko njih obmotava mu ruke; nekoliko njih vrat.
Jedan po jedan, dva po dva –
urlici su bili prožderani sa dlana, dugo grickaju,
naspram smeha zavesa
i drugih stvari.
Onaj koji bi pobegao s tanjira, padao bi u zelenu
                vodu,
a zmije su plivale za njim.
Najsigurnije je bilo na tanjiru.
Ruka se spustila na grudi, da krvari;
Kišobran se okrenuo naličjem nagore
i sve su se kuće napunile Porfirogenitima.

Izuzev jedne.

DNEVNIK

Nijedna lepa žena i nijedna ružna jela
Vreme je bestidno i nevino.
No ipak priviđenje predstava u gradu.
Krepost hoda ispod planina
poput Herkulovih zmija.

NAPOLJU

Poznaju me sve stvari
Nisam više slobodan.
Zanoćiti u krompirištu, u kamenjaru...
Sve što ne nalaziš ovde već sam razbio.
Pisala mi je kukumavka: načini mi spisak!
U mojoj je krvi sakrivena krv.
Jedan je čovek izvadio ruke iz vremena
potom hod
potom prostor
potom okultnu melanholiju kojom je razdelio grad
i izustio dve reči – i bio je grozan pepeo
i izustio je tri reči – i uplašio se
a zatim je zaklopio oči.
Sklopio je oči i rekao: od mene je ostao samo strah.
I na kraju nije više shvatao ni gde je melanholija,
      ni gde su mu ruke, ni gde je vreme.
I beše strašan pepeo.

DRAPERIJE I LESTVICE

Bio je lep dan
    mačka se pomirila sa zmijom
preko noći izvršio sam samoubistvo.
Potom su izišli zečevi u polje da pokisnu
potom su izišli vukovi iz šume da posneže
i pitao sam te:
    – Šta je s tvojom kosom?
    – Luda je! Luda je!
Folklor se pravi od petlova.
Uvreda ima prodavnice u jami.
Zvezda je danica pojačala tamu i samoću.
Šećer zaboravlja brže no so.
Lepota se čeka noću.

Ove večeri mogu se pojaviti aveti
zamućenim
pokretima
zaostacima čovečanstva.

ZALUDNO VEČE

Deukalion je bacio jedan kamen, drugi kamen...
Svojim crvenim telom kao vino
Pira je
ubirala kamenje
i bacila ga je još dalje
a nije se pojavio ni muškarac ni žeena.

Pejzaž parabole. Zemlja je sasušena krv.
Suze još traže svetove sa kojima nemaju šta da čine.

ISPOVEST

Pod korom zemlje
sanja kora krompira.
Vreme prolazi kao raznosač jogurta.
Više sam se puta sretao sa smrću:
rodbina mi je donosila novac da bih kupio odelo.
Među kamenjem, zapaljen i vreo,
čovek traži civilizacije.

Više sam se puta sretao sa smrću...

IZMEĐU

Vrapci su zarđali
deca su ozbiljna i kažu ta-ta-ta
ljudi prave gradove, flaute, gestove i kažu tu-tu-tu
starci se uče laganju
svagda isto vreme
svagda isti vazduh
tu-tu-tu... ta-ta-ta...
na saslušanju magova
ta-ta-ta... tu-tu-tu...
otvaraju se stvari zatvaraju se stvari
ko se brani od reči a ko brani reči?

NEMAM NIKOG

Kud vas vode, gospodaru
U baštu, snu.
Šta da radite, gospodaru
Da me ubiju, snu.
Gde će vas sahraniti, gospodaru
Pod nebo, snu.
Kome da kažem, gospodaru
Jadima, snu.
Biće dobro, gospodaru
Biće veče, snu.
Imate li rodbinu, gospodaru
Nemam nikog, snu.
Hoćete li pehar, gospodaru
Koliko košta, snu.
Ne pitam za cenu, gospodaru
Otrovni, snu.
Nećete pehar, gospodaru
Razbij ga u paramparčad, snu.
Da vas oplakujem, gospodaru
Nije važno, snu.
Laku noć, gospodaru
Spavaj sa mnom, snu.
Ja sam spavam, gospodaru
Ja sam mrem, snu.
Laku noć, gospodaru
Laku noć, snu.

PRAZNINA

Imao sam prijatelja koji me je prodao.
Zemljo. Put sam izgubio.
Gradu bez ijednog muškara.
Stigao sam do predela u kojem se
ne veruje i ne nada više.

UVIJANI EHO

Jedna je žena prošla parkom smejući se.
Krugom, zmajem, praćkom,
deca su jurila nebom.
Jedna je žena prošla parkom pevajući.

Jesen je bila grožđe.

ČETIRI ZIME SA VUCIMA

Jedna se voćka udaljava od zemlje i od jeseni
rastresa plodove na ramena planina
seva s njuškama stada, s predskazanjima
                i grobovima,
moje dete hita da dograbi senku
– lutka pesme stvarnosti –
hram prilazi ženi
i po njenoj kosi padaju
četiri divlje dojke iz četiri republike
kao četiri zime s vucima sa četiri kljuna
ptičija iz kojih
sunce i stanica obrušavaju se u muzici
gradova – tumora
kukova obojenih tišinom i tamom
svetlosti koje lete od jednog očajanja do drugog
kroz laž vejavice

VREĆE S MAČKAMA

Putujemo vozom u dugačkim pantalonama
                                     i putujemo
                                     i putujemo
a deca su ostala na stanicama u kratkim
                                     pantalonama
i svojim kolenima od klikera preko kojih će gaziti
                                     točkovi voza
Pljujemo, pozdravljamo, putujemo, smejemo se
otvaramo, zatvaramo prozore
U plavim vrećama prebivaju naši snovi kao mačke
bacamo vreće s mačkama na noge nekog
                                     nadvožnjaka
ili u polje
ili u neku vodu smejemo se
a snovi izlaze iz vreća i beže za vozom
i dolazi drugi voz koji ih razara
Na stanicama kupujemo vesti, slike, voće
iza kojih skrivamo strah
Jer se plašimo da se ne vidi koliko smo uznemireni
koliko panike nosimo sa sobom na svakom
                                     putovanju
kao ustrašene laži
kao arterski bunari koji sami crpu čudo,
dugu i vitkost sami sebi vraćaju
mada nemaju ništa drugo.

A jednog jutra zateći ćemo se u nekoj nepoznatoj
                                     civilizaciji

na stepenicama i zidovima na kojima je ko zna i
zašto neko
napisao bestidnu reč

možda nije ni znao šta znači
ta reč
možda je to napisao kad je bio dete
i nosio kratke pantalone a potom je
otišao iz te reči
i iz te civilizacije
a mi banemo tamo
pročitamo je i izbrišemo
i našim mehaničkim kipovima od griza i leda
zadovoljni što smo je izbrisali penjemo se uz
stepenište
posmatramo pozdravljamo buljimo da doista nema
nikog
nigde se niko ne smeje
u celoj toj novoj i nepoznatoj civilizaciji
sa starim zidovima
sa starom travom
sa starim ćutanjem

Eh, da sam stigao ranije... O, kad bismo stigli
kasnije...
„Svi pogrešili voz" – kažemo sebi
No nije istina
da je onaj ko pogreši voz skinut na drum
ili je sam sišao
I ko putuje nedozvoljeno, čak iako je stigao na
odredište,
ne nalazi se – svi znaju – tamo gde on misli da je
stigao.
Niko ne pogreši voz. Ni putnici ni kondukter.
I onda, onda dohvatimo kredu
i na stepeništu i na zidovima u vazduhu nepoznate

civilizacije
napišemo pažljivo na mestu bestičnu reč koju smo
izbrisali,
da ne bi slučajno uzdrman bio anđeo –
i povlačimo se obavijeni svojim ehom,
koji nas sadrži ili ne sadrži, mehanički kao u muzici
ustrašenih laži
kostiju mačaka smrvljenih vozom
klikerima kolena
zastavicama
nadvožnjacima,
mada nam se ne vide noge iz naših dugačkih
                                      pantalona.
I putujemo vozom okupirani kipovima od griza i
                                        leda
onih koji su prošli malopre kroz čekaonicu
                    s plavim vrećama u rukama.

U JEDNOJ VRSTI DUŠE

Zapalim vatru kamenom pokraj noćnog kolosa,
do ruba krvi prođoh preko pitalica;
sunce iz šume donosi himne i lišće;
na drugom kraju života, znaci meseca
pročišćavaju zagonetku;
silaze bašte i koze s planina;
u nekoj vrsti duše jesen skuplja seme
da uspava zemlju.

S malom jarebicom svetlosti na dlanu
hodam poljem.

Klanjam se krvi, kamenu, lišću i spoznaji.

KATKAD

Katkad kiše... flamingo... katkad
Zid sam.
Ko će sa mnom da beži na breg?
Halucinantna šuma... reka senki...
Puževi iz šume spremaju staklenike i zavoje.
Zid sam.
Znaš li šta je dosada, strah, predosećanje?
Na jednoj strani prži me sunce,
na drugoj podilazi jeza;
nisam ni unutra, ni spolja...
Znaš li šta je logika?
Iz Apolonovog kipa izrasta paprat.
Dete iz pepela žderu zrikavci.
Devojke su stizale iz šume ruku punih šećera
          i zvezda.
Ko će sa mnom da beži na breg?
Katkad kiše... flamingo... katkad...

ĐORDANO BRUNO

U agoniji i ranama
Jedni iza drugih, drugi iza drugih vrata.
Danas ne znam ko sam.
Skuvati rosu... Ko je ovde lud?
Pipamo po beskonačnosti. Prelepi portreti
razočaranja.
Dei Piombi.
Olovo se ne šali
Oni – čuvari. Ja – pomrčina.
Čovečanstvo okruženo zidovima straha.
Susret sa sumnjom. Sakrili su mi knjige.
Grubi u ime nežnosti; lažljivci u ime istine.
Ništa ne skrivati.
Nedostaje im sloboda. Moju ne podnose.
Željen gde ne stigoh, sanjan odakle krenuh –
shvatih nikada se više nikud neću vratiti,
moje razumevanje popelo se na lomaču.

ANALOGIJE

Na svakom prstu vrpca
na svakoj ruci konopac
na svakoj nozi uže
na svakom užetu planina
u svakom od vas
bol

REMEMBER

Žega je s pticama švrljala po plotovima
zemlja se šunjala stanicama poput aveti
koščate zveri sa prstima dedova
vodile su za ruku antiistoriju

zemlja je pojela svoje bunare

UMREĆEŠ, VOLJENA...

Šiša se trava. Kosi se seno.
Zemlja je parče stvrdnutog hleba.
Prastari pepeo dana. Bajata
noćna lobanja hleba. Baš te briga,
nevoljena... Ovde je svet imitacija.
Zagrebeš samo malo, a pod korom
prividnog gamiže pakao.
Bacaju se otpaci. Kiši izrešetana
nebeska mreža. Bezbrojno
nebo pretvoreno u đubrište
pokriva zvezde. Pesma si u kući
(jagodica i očiju modrih od udaraca,
ko te je tukao, prelepa ženo?)
našeg zodijaka... Grad je omekšao.
Podmlađivanja van mita. Polje bez horizonta.
Ovde je svet imitacija, zemlja je raskvašena.
Zagrebeš samo malo i šikne apsurd.
Prelepa ženo, otići ćeš u rat
i umrećeš, nevoljena. Iz pseće glave,
krivudava poput vode, šunjajući se kao kradljivac,
trava raste kroz maglu. Da li je to juče? Da li je to
                              sutra?

ZEMLJA TUGE

Napustili smo vode i povukli se u kamenje
Napustili smo kamenje i povukli se u drveće
Napustili smo drveće i povukli se u vazduh
Napustili smo vazduh i načinili priviđenja iz zvezda
Ali kamenje drveće i ptice
prate nas u snu
U stvari umrli smo od tada
kao nežna tama

RATNE SLIKE

Na jednom prozoru ljuljaju se dve velike dojke,
posmatrane od zvezda...
Iz najvećeg
izlazi najmanji mrtvac;
potom, iz njega, drugi. I aveti se smenjuju.

Na južnom ramenu –
osetih tada
proleće.

Konačili smo u Poljskoj.

TUŽNO VEČE

pojeli smo kamenja

tvoje je srce bilo od blata
postojali su samo
mesečevi epitafi

prljav je uspeh

kao da sam prešao a nisam prešao
na onu stranu sveta i jeseni

o d b a č e n a š i f r a
veče je
kod roditelja ideja

kao da prođoh...

ONTOLOŠKA PLJAČKA

pokrao mi je događaje
ostavio me je praznim

sa mnom — osetih —
od sada se
ništa neće dogoditi

ZASEDA

moji su odlazili noću u lov u zasedu
na vrhu drveta kristali
noću po mesečini ukrali su od boga
sluh srna i oblaka
koji šetaju s munjama

ČAŠA ILI DEVOJKA

Dan beše noć
Kao na kraju svakog scenarija
Prinosim čašu ili devojku ustima
Od sada niko nikoga
neće spasti

U mesu vode prljavo plavo
planinama su se zgrčila kolena

Iskrcavam se osuđen na govor
hitnem pehar iz ruke u ruku
zamahujem pesnicom
glasovi putnika kao udarci

Deca plaču u tornju

A DRUGI, DRUGI SVETOVI?

Čuj, ako i ispiraš kraste ili čakšire ili Hristovu
 košulju?

Čuj, ako se i na njegovo delo popne velika vaška?

Čuj, ako i činiš žandarmeriju onih kojima se
 činilo da su tvoja žandarmerija?

Čuj, ako već četrdeset godina nastojim da budem
 jednak svinjama i psima moga oca?

Čuj, ako i budem počeo da se navikavam na velike
 sahrane?

Čuj, ako se i taru puževi o hramove i hladno mu je u
 filozofiji?

Čuj, ako i kažemo Visočanstvo, devet pojmova su
 izmišljeni
odjednom: dolina s ribama, običaj ispod stola,
kapa obešena o kolac sa dve pletenice, mišljenje
o vlažnosti i ženskoj dugmadi, prostor
pokušaja, svetlost kao šećer u prahu i usvojeni
šećer, vladalac ćorsokaka prepun tela senki,
hermeneutika ptica koje nose na klanje pola puta
glavom mnogo udesno a druga polovina puta
glavom malo ulevo?

Ne postoje balkoni koji se ne rabijaju a kijavica se
 dobija brže nego mleko?

Naši roditelji behu odviše jednostavni da bi razumeli
 da tamo vlada večni mrak?

Znao je sadržaj samo nekih reči: voleti, čitati,
 razmišljati itd.
Ali su nestale zajedno sa sadržajem. Javile su se
 druge, čiji sadržaj
nikada nije shvatio: disati, jesti, pljeskati itd.

Nije se dakle moglo tako dogoditi, jer nije bilo
 drugačijih ljudi?

Slava? Slava prolazi brzo iz jedne kabine u drugu,
 sa ili bez gaća –
i kada nađe i kada ne nađe onoga kog je tražila. Ona
 se osmehuje i
ludaku i genijalcu, he-he, ali ne istim povodom. A
 još manje na isti
način. He-he. Ona je putnica, podla a slatka, ne
 obitava samo u jednom
hotelu, a tamo gde... tamo izgleda da stanuje iza
 vazdušastih zidova,
oni koji je posmatraju, ne vide je.

Svet senki, dvojnosti, raspršenosti, rastapanja,
 pra-pranastanka, svet
rastvaranja, raspadanja i preobraćanja u maglu?
 Dobro, dobro. Toliko dobro...
A drugi svet? A drugi, drugi svetovi?

Pesma može da traje duže od imperije.

VEČE POKUŠAJA

Boje su poput ženskih usta
četiri crna konja rastržu planine
u Kruševu zima je slatka
putovah prostorom pokušaja
vena je tuga s kozijim kopitama
od jare užegli divlja mirođija i smokve
nasred druma, kao trava,
hodala je prošlost
a ivicom puta vreme sadašnje.
Muškarcima koji će doći odela su poludela
od hoda.

VEČE PROŠLOSTI

Dolazi iz zemlje i vremena u kojem
nisu znali šta da čine
bogovi sa snagama a boginje s lepotom

U svim govorima hodaju breskve:
koštice sa semenjem

mesec se podmladio nasred duvanskog polja
i kamenje
se podmladilo

tuđi stolovi
mleko straha u četiri pehara
na četiri prozora

A proleće je proleće!

I pelene, pelene, pelene,
od pepela, od zemljotresa

dete iznutra lepi prekide
između rose i vremena.

NEVREME

Prošlost Bukurešta je seoska
a prošlost sela je samoća
što dolazi svečeri
s ovcama i psima
očiju koje gledaju na sve strane
kao sudbina.

Rugoba nije život
ona je deo života.

Put jedinke.

Složniji smo jer smo bili u opasnosti.
Oni koji misle da jesu – nisu.

SNEG

Obeshrabruje me
toliko čistote.

O PISCU

Jon Karajon (1923–1986). Rumunski pisac. Bio je jedan od retkih koji se borio za širenje slobode stvaralaštva. Karajonovi biografi imaće pune ruke posla zbog njegove volšebne sudbine neslućenih dubina.
Jon Karajon (*Ion Caraion*) debitovao je 1939. godine u Bukureštu u časopisu *Curentul literar*. Poslednje Karajonove pesme objavljene su takođe u časopisu *Curentul literar* 1986. godine, s tim što, ovaj put, ovo književno glasilo izlazi na rumunskom, u Minhenu. Tako je pesnik Jon Karajon podelio izgnaničku sudbinu i glasovitog časopisa; fatumski se luk zatvorio, jer je pesnik morao da ode u nedomovinske egzistencijalne prostore.
Jon Karajon je pseudonim Stelijana Dijakoneskua (*Stelian Diaconescu*). Rođen je 24. maja 1923. Diplomirao je na Filološkom fakultetu u Bukureštu 1948. Počeo je kao pesnik u krilu nadrealizma. Njegova životna i stvaralačka priča tekla je ovako: godine 1947. izdao je u Bukureštu časopis za svetsku književnost i kulturu *Agora*. Taj jedan jedini broj časopisa *Agora* imao je 300 stranica poezije i ostaće u istoriji evropske revijalistike i po tome što je u njemu debitovao Paul Celan. (Dakle, Celan kao nemački pesnik prvi put je objavio pesme u Bukureštu, u časopisu koji je izlazio na više jezika). Pored Celana, *Agora* je donela priloge čiji su autori bili: Euđenio Montale, Umberto Saba, Salvatore Kvazimodo, Andre Breton, Anri Mišo, Kristijan Morgenštern, Lučijan Blaga, Karl Sandberg, Žan Pol Sartr...

Od ukupno jedanaest godina, koliko su mu „pojeli skakavci", tri godine je proveo u ćeliji osuđenika na smrt.

Posle 1964, kada je izašao iz zatvora, pojavile su mu se zbirke: *Esej* (1966), *Krtica i bliski* (1970), *Groblje iz zvezda* (1971), *Ljubav je pseudonim smrti* (1980), kao i knjige eseja i književne kritike: *Dvoboj s krinovima* (1972), *Zagonetna otmenost* (1974)...

„Počinjem, na brzinu, da ispričam svoj život i smrt (koji život? koja smrt?) kao da mi sam Bog traži autobiografiju. Zovem se Jon Karajon. Jedan sam od onih pisaca koje, iz rumunske književnosti, ne može izbaciti nijedna partija, nijedan diktator, nijedan metak, nijedan podlac, nijedan pokvarenjak iz zvanične štampe" – zapisao je, s pravom, autor nezaboravnog stiha „Pesma može trajati duže od imperije". Ovu ocenu o sebi dao je s gorčinom veliki pisac, svestan da je izgnan iz istorije rumunske književnosti. Da nije tako, ne bi se odlučio da u 58. godini života napusti domovinu, gde su mu i život i delo bili ugroženi. Otuda njegov beznadežan krik: „Ako je rođenje izvesna smrt, izgnanstvo je druga, a odlazak iz jezika ili lutanje u njemu – lavirint."

Rumuniju je napustio i nastanio se u Lozani, ali jezik nije mogao, jer on je „kao krv i kao vazduh". „Bez njega – nestaješ", kaže Karajon. „Prihvatajući tuđe običaje, strukturu, meandre i nebo drugog jezika, nešto se u tebi gubi i postaje nedostupno, skriveno, zaključano."

P. K.

SADRŽAJ

Vetar i sneg 5
Iz načela oduzimanja......................... 6
Odaja u ranama............................... 8
Prazna fotelja 9
Bunar 10
U jesenjskom bunaru 11
Devičanstvo 12
Ovo otprilike 13
Svojevrsna posada 14
Rano ujutro 15
U pariskom parku............................. 16
Devojke prelaze reku 17
Neprekidno trajanje........................... 18
Tehnika predmeta 19
Ksilografija 20
Epitaf... 21
Soba za mučenje.............................. 22
Stvari poput semenja, poput carina 23
Zanimanje.................................... 24
Odsustvo i praznina........................... 25
Posete 26
Jutarnja 27
Diogenovo veče 28
Ljudi.. 29
Podzemna 30
Biće opet sunce 31
Iznad nad iznad 32
Južno veče 35
Običaj.. 36
Prostor i mirnoća 37

Rodina kuhinja 38
Pas Maira 39
Slika sa odsutnostima 40
Konj 41
Ukrotitelj stihije 42
Dnevnik 43
Napolju 44
Draperije i lestvice 45
Zaludno veče 46
Ispovest 47
Između 48
Nemam nikog 49
Praznina 50
Uvijani eho 51
Četiri zime sa vucima 52
Vreće s mačkama 53
U jednoj vrsti duše 56
Katkad 57
Đordano Bruno 58
Analogije 59
Remember 60
Umrećeš, voljena 61
Zemlja tuge 62
Ratne slike 63
Tužno veče 64
Ontološka pljačka 65
Zaseda 66
Čaša ili devojka 67
A drugi, drugi svetovi? 68
Veče pokušaja 70
Veče prošlosti 71
Nevreme 72
Sneg 72

O piscu (P. K.) 75

Jon Karajon
VETAR I SNEG
Prvo izdanje
*
Izdavačko preduzeće
RAD
Beograd, Moše Pijade 12
*
Glavni urednik
JOVICA AĆIN
*
Za izdavača
ZORAN VUČIĆ
*
Lektor i korektor
MIROSLAVA STOJKOVIĆ
*
Nacrt za korice
JANKO KRAJŠEK
Realizacija
ALJOŠA LAZOVIĆ
*
Tehničko uređenje i priprema teksta
Grafički studio RAD
*
Štampa
ZUHRA, Beograd

CIP – Каталогизација у публикацији
Народна библиотека Србије, Београд

859.0-31

КАРАЈОН, Јон
 Vetar i sneg : pesme / Jon Karajon ; [izabrao i preveo sa rumunskog Petru Krdu]. – [1. izd.] Beograd : Rad, 1997 (Beograd : Zuhra). – 78 str. ; 18 cm. – (Reč i misao ; knj. 473)

Str. 75–76: O piscu / P. [Petru] K. [Krdu].
ISBN 86-09-00494-5

ID=55861772

www.ingramcontent.com/pod-product-compliance
Lightning Source LLC
LaVergne TN
LVHW021619080426
835510LV00019B/2648